D0546403

Le Sel de la vie

Françoise Héritier

Le Sel de la vie

Lettre à un ami

Présentation

Le texte qui suit risque de surprendre ceux qui me connaissent par mes écrits anthropologiques. Avec beaucoup d'humilité je déclare ce qu'il en est : c'est une « fantaisie », née au fil de la plume et de l'inspiration – et qui a une histoire. Un beau jour d'été, si l'on peut dire car il faisait alors un temps de chien, j'ai reçu une carte postale d'Écosse. Quelqu'un que j'aime beaucoup, le professeur Jean-Charles Piette, « Monsieur Piette », comme je l'appelle dans mon for intérieur, m'envoyait quelques mots de l'île de Skye. Cela commençait par : « Une semaine "volée" de vacances en Écosse. »

Il faut savoir que, grand clinicien, professeur de médecine interne à l'hôpital de La Pitié, adoré de ses patients dont je suis depuis trente ans, il ne vit que pour eux et pour son travail. Je l'ai toujours connu au bord de l'épuisement physique et moral, consacrant des heures à chaque patient, capable de raccompagner le dernier du jour à son domicile s'il l'a fait trop attendre ou d'aller en chercher un au train (ce qu'il fit une fois pour moi), capable de folles générosités et de coups de tête tout aussi fous. Et voilà que ce terme : une semaine « volée » me saute littéralement à la figure. Qui vole quoi ? Vole-t-il donc un peu de répit à un monde auquel il devrait tout ou au contraire ne se laisse-t-il pas déposséder de sa vie par cet entourage dévorant, ce travail obsédant, ces responsabilités multiples accablantes ? *Nous* lui volons sa vie. Il vole lui-même sa propre vie.

J'ai alors commencé à lui répondre en ce sens : vous escamotez chaque jour ce qui fait le sel de la vie. Et pour quel bénéfice, sinon la culpabilité de ne jamais en faire assez ? Commençant à fournir quelques grandes pistes au début, je me suis vite prise au jeu, et me suis interrogée sérieusement sur ce qui fait, a fait et continuera à faire, j'en suis certaine, le sel de la mienne.

C'est donc une énumération qui suit, une simple liste, en une seule grande phrase, qui est venue ainsi toute seule par à-coups, comme un grand monologue murmuré. Il s'agit de sensations, de perceptions, d'émotions, de petits plaisirs, de grandes joies, de profondes désillusions parfois et même de peines, bien que mon esprit se soit tourné plutôt vers les moments lumineux de l'existence que vers les moments sombres, car il y en a eu. À de petits faits très généraux dont tout un chacun aura pu éprouver un jour la réalité (je parle alors de façon neutre, c'est-à-dire selon l'usage français au masculin) j'ai mêlé progressivement des souvenirs privés, durables, fixés en images mentales fortes pour toujours, instantanés fulgurants dont l'expérience peut être, je le crois, transmise en quelques mots (je parle alors au féminin). Il faut voir dans ce texte une sorte de poème en prose en hommage à la vie.

Je pense avoir eu, certes, une existence exempte de bien des tracas. J'ai eu la chance de pratiquer comme un métier des questionnements intellectuels qui donnent à l'existence un relief et au quotidien une touche de plaisir fort rare. Je me suis fait plaisir en travaillant et continue à le faire. J'ai eu la chance de ne pas connaître la misère ni de grandes difficultés pour simplement survivre comme l'éprouvent des millions d'êtres humains. Mon propos pourra donc passer pour le discours hédoniste d'une privilégiée de l'existence. J'ai cependant la faiblesse de croire que, parlant de la sensualité pure, il évoque l'expérience concrète de tous les êtres humains.

L'épaisseur du temps se fera sentir au lecteur. Je suis née avant la Seconde Guerre mondiale, qui m'a beaucoup frappée, sans que j'aie eu à en souffrir grièvement puisqu'elle m'a permis, au contraire, pendant de longues vacances en Livradois, de connaître une paysannerie et un mode de vie disparus. Mes séjours africains apparaîtront en filigrane. L'expérience de la maladie également. Et toujours les rencontres, l'insolite, le regard attentif porté à la nature, à ce qu'elle produit, aux animaux, aux bruits, aux sons, aux lumières et aux ombres, aux saveurs… Et surtout aux autres.

On ne trouvera pas ici, ou très peu, d'ouvertures sur ma vie privée. Comme on n'en trouvera pas non plus sur les plaisirs de la vie intellectuelle, de la recherche, de l'écriture, plaisirs cependant intenses.

Rien non plus de l'amour, qui a pris pourtant toute sa place dans ma vie, comme il occupe, je suppose, une grande place dans celle des lecteurs. Ce ne fut pas mon propos. Quel fut-il donc ?

Il y a une forme de légèreté et de grâce dans le simple fait d'exister, au-delà des occupations, au-delà des sentiments forts, au-delà des engagements politiques et de tous ordres, et c'est uniquement de cela que j'ai voulu rendre compte. De ce petit plus qui nous est donné à tous : le sel de la vie.

13 août 2011

J'ai été ravie de recevoir hier votre carte et de savoir que vous avez pris des vacances dans ce bel endroit qui fait rêver. Vous étiez donc bien dans les brumes écossaises. Pour autant, vous n'avez pas « volé » vos vacances, par maraude ou par détournement. C'est plutôt votre vie que vous volez quotidiennement.

Si vous tablez sur une durée de vie moyenne de 85 ans, soit 31 025 jours, avec toujours, en moyenne et à la louche, 8 heures de sommeil par jour ; 3 h 30 pour les courses, la préparation des repas, leur consommation, la vaisselle, etc. ; 1 h 30 pour l'hygiène, les soins du corps, les maladies, etc. ; 3 heures pour l'entretien domestique, les enfants, les transports, les démarches diverses, le bricolage, etc. ; 140 heures de travail par mois sur 45 ans, à raison de 6 heures par jour, mais sans tenir compte du plaisir que l'on peut y prendre ; une heure par jour de rapports sociaux obligatoires, conversations de voisins, pots, assemblées, séminaires, etc. ; que reste-t-il au citoyen et à la citoyenne lambda pour les activités qui font le sel de la vie ?

Les vacances, le théâtre, le cinéma, l'opéra, les concerts, les expositions, la lecture, la musique que l'on écoute ou que l'on pratique, les arts divers où l'on s'exerce, la promenade le nez en l'air, les excursions, les voyages, le jardinage, les visites amicales, le farniente, l'écriture, la création, la rêverie, la réflexion, le sport (tous les sports), les jeux de société, le jeu tout court, les mots croisés, le repos, la conversation, l'amitié, le flirt, l'amour, et pourquoi pas des plaisirs coupables ? Vous aurez noté que je ne vous parle même pas du sexe. Oui, je vous le donne en mille : 1 h 30 par jour pendant la période dite active de la vie, 5 h 30 avant ou après.

Et vous, vous étirez votre temps de travail en prenant sur tous les autres temps et vous faites l'impasse sur toutes ces choses agréables auxquelles notre être profond aspire.

13 août, quelques heures plus tard

J'ai omis bien des choses dans la liste de celles qui font le sel de la vie. Je poursuis donc en suivant la méthode des surréalistes : associations d'idées et laisser-venir à soi. Tout cela risque de vous paraître hédoniste car j'ai laissé de côté tous les raffinements du plaisir intellectuel ou de celui qu'on éprouve dans des engagements – et bien peu sérieux même si je ne parle pas de sexe. Il s'agit néanmoins de choses très sérieuses et très nécessaires pour conserver du « goût » : je vous parle des frémissements intimes qu'apportent de petits plaisirs, des interrogations et même des déconvenues si on leur laisse le loisir d'exister. Je continue.

... j'ai oublié les fous rires, les coups de fil à bâtons rompus, les lettres manuscrites, les repas de famille (certains) ou entre amis, les bières au comptoir, les coups de rouge et les petits blancs, le café au soleil, la sieste à l'ombre, manger des huîtres en bord de mer ou des cerises sur l'arbre, les coups de gueule pour rire, l'entretien d'une collection (de pierres, de papillons, de boîtes, que sais-je ?), la béatitude des fraîches soirées d'automne, les couchers de soleil, être éveillé la nuit quand tout le monde dort, chercher à se remémorer les paroles de chansons d'autrefois, la recherche d'odeurs ou de saveurs, lire en paix son journal, feuilleter des albums de photos, jouer avec son chat, construire une maison de fantaisie, mettre un beau couvert, tirer négligemment sur une cigarette, tenir son journal, danser (ah ! danser !), sortir et faire la fête, aller au bal du 14 Juillet, écouter le concert du Nouvel An comme des millions d'autres Français, se vautrer sur un canapé, flâner dans les rues en faisant du lèche-vitrines, essayer des chaussures, faire le pitre et des imitations, aller à la découverte dans une ville inconnue, jouer au foot ou au Scrabble ou aux dominos, faire des jeux de mots ou des calembours, raconter des calembredaines, préparer un plat compliqué, pratiquer la pêche à la ligne ou le jogging ou la pétanque, ruminer autour d'une idée, regarder un vieux film à la télévision ou dans une salle d'Art et d'Essai, siffloter les mains dans les poches, avoir l'esprit vacant, les moments de silence et de solitude, courir sous une chaude pluie, les longues conversations dans la pénombre, les baisers dans le cou, l'odeur des croissants chauds dans la rue, les clins d'œil de complicité, le moment où tout se tait dans la nature…, écouter les cris joyeux d'enfants en récréation, se repaître de glaces ou de chocolats, les moments où l'on sait qu'on plaît, qu'on vous regarde et qu'on vous écoute, se sentir leste et ingambe, faire la grasse matinée, monter sur un bateau de pêche, observer un artisan, s'arrêter pour un bonimenteur (tiens ! cela fait longtemps !), jouir du spectacle de la rue, retrouver des amis qu'on n'a pas vus depuis des lustres, prêter vraiment l'oreille aux autres…

J'oublie tellement de choses encore.

Et vous, qu'est-ce qui vous manquerait le plus si tout cela devait disparaître à jamais de votre vie ?

14 août

Je cours le risque de vous ennuyer « grave ».

... écouter religieusement Mozart, les Beatles ou Astrud Gilberto, faire un aller-retour en une nuit en Suisse pour assister à un concert de son chanteur préféré, se gorger de fraises des bois, prendre les chemins côtiers un jour de grand vent, attendre une éclipse ou le passage nocturne d'un grand duc, se creuser la tête pour savoir ce qui ferait plaisir à l'autre, marcher nu-pieds, prêter l'oreille à des voix répercutées par la mer, s'étirer et bâiller, allumer juste une petite lampe ou de gros projecteurs, courir le guilledou et faire des compliments, être à l'affût des regards qui en disent long, corner une page même si cela ne se fait pas, envoyer bouler un temps la politesse, oublier de prendre son courrier, se tenir par le bras ou par la main, marcher à contre-courant, tenir la porte à un élégant vieux monsieur, se rouler en boule, humer l'air du petit matin frais, regarder les branches secouées par le vent, faire un feu qui crépite bien, bâfrer du saucisson et des cornichons, guetter la minute (à 20, - 20 et à l'heure) où un ange passe fugitivement, mettre les pieds dans le plat, secouer ses cheveux en tous sens, sourire à qui ne s'y attend pas, parler sérieusement d'un sujet frivole et plaisanter sur un sujet grave (mais pas avec n'importe qui !), ne pas s'en laisser conter par la brute de service ou par le monsieur je-sais-tout, jouir sans complexe de ce qu'on aime (rugissement des voitures de course y compris), écouter la vie en soi, dormir étalé sur le dos, saluer de la main comme Columbo, grimper quatre à quatre les escaliers, arriver hors d'haleine quelque part, pleurer au cinéma, manifester ses émotions ou garder au contraire un calme olympien, se taire-admirer-écouter, se remettre au vélo ou au piano ou au tir à l'arc…, utiliser au hasard des promenades les toilettes de luxe d'un grand hôtel, s'installer franchement dans un fauteuil trop profond, ramasser de petits objets incongrus, plonger ses mains dans la mousse des sous-bois ou des lessives, écouter le roulement de tambour du garde champêtre (c'est fini) ou des limonaires dans la rue (c'est fini aussi), poursuivre son ami à la course, s'asseoir à côté d'une fenêtre ouverte, se réveiller dans un lieu qu'on ne reconnaît pas, avoir le cœur battant, peser des arguments, soupeser un melon, revoir un ami d'enfance, retrouver des souvenirs enfouis (mon dieu ! c'est vrai !), prendre son temps pour choisir un rien (et décider à l'emporte-pièce des choses importantes), suivre le vol d'une seule hirondelle au milieu des autres, observer d'en haut un chat qui ne s'en doute pas, rire sous cape, attendre l'heure bleue, arroser ses plantes et leur parler, apprécier le toucher d'un beau cuir ou d'une pêche ou d'une chevelure, étudier dans le détail l'arrière-plan de la Joconde ou des dentelles de Vlaminck, sursauter de plaisir au son d'une voix, partir à l'aventure, rester dans la pénombre à ne rien faire, goûter du bout des dents des sauterelles grillées, se faire plaisir dans des conversations sans fin avec de vieilles amies, imaginer de belles histoires…

15 août, 18 h 27

Je continue au risque de vous ennuyer, car cela va devenir de plus en plus pointu. J'ai l'impression d'affouiller des rives qui s'éboulent. Après tout, je vous donne des billes pour le jour où, dans vingt ans, on vous demandera comment j'étais.

... chuchoter au téléphone, prendre des rendez-vous des années à l'avance, se pâmer devant le port de Robert Mitchum, la démarche de Henry Fonda, le sourire de Brad Pitt, la beauté romantique de Gene Tierney ou de Michelle Pfeiffer, l'ingénuité de Marilyn Monroe, la grâce d'Audrey Hepburn, savourer une *coppa del nonno* à Florence, soupirer d'aise, flâner dans les rayons d'un grand magasin, rouler en Jeep sur des pistes défoncées, manger à mains nues à croupetons autour du plat, partager une noix de kola ou une barre de chocolat, avoir peur au cinéma, lire des polars ou de la bonne science-fiction, prendre sans vergogne la plus belle pêche du plateau de fruits, sortir avec précaution des bigorneaux de leur coquille, manger dans un vrai routier sur une nappe à carreaux, faire tinter des verres de cristal, assister à un beau match de rugby, jouer à la belote ou au rami ou au yams ou aux petits chevaux ou aux dominos, être mauvais joueur avec de mauvais joueurs, protester véhémentement pour une broutille, refuser de traiter avec les colériques (enfants compris et s'offrir le luxe à ceux-là de leur faire les gros yeux dans les magasins), s'offrir aussi le luxe des taxis réservés à l'avance et contempler les files d'attente aux stations (*suave mari magno...*), avoir un parapluie quand il faut et assez grand pour plusieurs, marcher d'un bon pas, traîner des pieds dans les feuilles mortes, sourire tendrement à la photo de sa grand-mère, écouter les hulottes la nuit et les grillons le jour, faire un bouquet de fleurs de talus, regarder glisser les nappes de brouillard, suivre la course d'un lièvre à travers champs ou celle de Trintignant autour du port de Nice, essayer de saisir le moment où l'on s'endort, sentir le poids de son corps recru de fatigue dans le lit, être reçu à un examen, dormir sur l'épaule de quelqu'un, participer à une liesse populaire, voir un beau feu d'artifice, écouter la Callas ou gémir le vent ou crépiter la grêle, regarder le feu, manger un sandwich dans la rue, marcher sur du sable chaud mais pas trop, siroter, faire sauter un trousseau de clés, faire pipi dans la nature, être ému aux larmes, hurler de joie devant un tir irrattrapable au football, caresser, être caressé, embrasser, être embrassé, enlacer, être enlacé (avec amour, complicité, tendresse), se sentir plein d'allant, d'enthousiasme, de passion, avoir des élans du cœur, se moquer des convenances, admirer la jeunesse, avoir les yeux plus gros que le ventre, avoir délicieusement peur, se sentir mal et ouvrir les yeux sur des visages amis, se délecter en secret d'une idée ou d'un projet ou d'un souvenir, sortir sur le tarmac à la saison des pluies à la nuit à Niamey et sentir l'odeur chaude et épicée de la terre africaine, voir au clair de lune un couple de lions traverser silencieusement la piste, surprendre les yeux d'un animal dans les phares d'une voiture, discuter toute la nuit, vouloir le bonheur autour de soi, faire le vide dans ses placards, s'étonner d'être toujours en vie, jubiler en trouvant en un éclair la solution d'un problème qui vous tarabuste depuis longtemps, recevoir un cadeau qui vous plaît ou un signe d'amitié ou une carte postale, reprendre en chœur des airs populaires, avoir des secrets, se faire consciemment des idées, jouir de la douceur du temps...

17 août

Et encore…

… fondre devant la retenue dévastatrice de Robert Redford dans *Out of Africa* ou la tout aussi dévastatrice insolence de Clark Gable dans *Autant en emporte le vent*, trier des lentilles, ôter un caillou de son soulier, prendre un bain de minuit, assister à une aurore boréale, faire des culbutes et des roulades dans l'herbe (cela fait longtemps !), trouver un trèfle à quatre feuilles, réussir une réussite, retrouver le goût des recettes du passé, calculer ses pas entre les pierres qui bordent les trottoirs, écouter la petite musique qui annonce les trains, imaginer ce qu'on pourrait faire d'un objet ou d'une maison ou d'un lieu, choisir la croûte du pain bien cuit, ramasser de l'herbe pour les lapins, arroser les fleurs, tricoter une écharpe mousseuse, voir le rideau se lever au théâtre quand s'éteignent les lumières et que s'apaise le brouhaha, attraper de justesse une bouchée dans un cocktail, pleurer en écoutant *Le Voyage d'hiver*, aller à la recherche des sources de la Loire au mont Gerbier de Jonc, complimenter une inconnue dans la rue, se tromper de jour, de semaine ou de mois dans un rendez-vous, se retrouver après vingt ans comme si on ne s'était jamais quittés, mettre un parfum qui s'oublie, savoir se faire oublier, amuser la galerie, soulever un enfant en protestant de son poids mais éviter de l'ennuyer par des questions idiotes, se demander où l'on était avant de naître plutôt que ce que l'on deviendra après la mort, froisser du papier journal, découper des images et faire des collages, décoller en avion ou atterrir, regarder avec convoitise les plats servis à ses voisins, observer la démarche des passants et faire de la psychologie sauvage, attendre à la terrasse d'un café, se dire qu'il faudrait faire de la gymnastique, penser parfois à respirer profondément, mettre à plat un trombone, monter à la main une mayonnaise ou des œufs en neige, découvrir un fruit exotique délicieux, se remémorer les patois de son enfance ou des proverbes ou des savoirs, utiliser des mots justes qui surprennent, boire quand on a très soif, n'avoir jamais honte d'être soi...

... conduire une conversation complice avec un chat siamois ou un épagneul breton, éternuer sept fois de suite, voir le premier la flèche de l'église de Trégunc, faire un pique-nique avec tout ce qu'il faut, chanter *Stormy Weather* comme Lena Horne ou *Over the Rainbow* comme Judy Garland, s'essayer à chanter *Mexico* comme Luis Mariano et échouer à monter dans les aigus, se perdre dans les ciels immenses de John Ford, survoler la brousse africaine d'un petit avion, faire des ricochets, frémir d'impatience, sentir la crispation des papilles sur le gingembre, toucher les naseaux humides d'un jeune veau, trouver des champignons, ramasser des myrtilles sauvages, aller à la pêche aux coquillages lors des grandes marées, contempler sa cuisine ou sa chambre ou son bureau remis en état, tourner en bouche des mots bizarres (souillarde, antienne, mithridatisation, hapax...), prendre un funiculaire, sursauter aux trois coups au théâtre, jouer à cache-cache, avoir la chair de poule et le poil hérissé, gagner une bricole à une loterie de campagne, avoir un peu peur la nuit dans une grande allée bordée d'arbres, prendre une bonne douche, se faire masser la tête, boucler ses bagages, mettre la clé dans la serrure, partir en voyage, pêcher à mains nues des écrevisses (c'est fini !), ramasser des escargots de Bourgogne (fini aussi !), s'étendre sur une chaise longue, attendre le facteur, crier pour entendre l'écho, pousser une pierre du pied, enlever une croûte de son genou sous l'œil dégoûté des parents (c'est loin tout ça !), avoir eu une fois 18 en maths, jouer de l'harmonica ou de la guimbarde, avoir le dernier mot, réaliser une maquette en bois, finir un grand puzzle, voir de loin le Fujiyama ou le Kilimandjaro, avoir envie d'aller à Bobo-Dioulasso, boire les paroles de celui qu'on aime, contempler James Stewart dans un bon western et voir serpenter dans la plaine le train qui amène un Spencer Tracy manchot, reculer d'horreur dans son fauteuil devant *Alien* ou les morts-vivants, regarder un tamaris, s'endormir en passant une IRM, réconforter l'infirmière qui ne trouve pas la veine, trouver l'interne « craquant », se faire remonter les bretelles par un Lausannois quand on traverse alors que le feu est vert et que le petit personnage est rouge, mettre les mains dans ses poches, sauter et rebondir sur un lit (il y a longtemps là aussi), éplucher un artichaut, filer la métaphore, trouver de belles lunettes de soleil, s'étrangler avec un « pili patt'oiseau », rétorquer sèchement s'il le faut, apprivoiser un animal, scruter l'horizon à la recherche de l'île qu'on ne voit que lorsqu'il va pleuvoir, suer sang et eau sur un texte ou dans les montées à vélo...

Dix heures plus tard

... se donner du mal pour une broutille, craquer des allumettes, faire briller des cuivres, somnoler à une conférence ennuyeuse, faire des mots croisés difficiles, jurer comme un charretier si des objets s'obstinent à se mettre en travers, et de préférence en breton (*cor saout, nom de dié mach'er,* orthographe non garantie), ne pas être dupe des attentions flatteuses et ciblées, succomber à la tentation gourmande, grimper aux tours de Notre-Dame et rêver d'aller au Machu Picchu, recevoir par le travers l'écume des chutes du Niagara, faire le tour d'un énorme baobab, tirer l'eau d'un puits à la force des bras et sans poulie, se sentir protégé par une moustiquaire, ouvrir un paquet cadeau (qu'est-ce que c'est ?), être curieux et avide du lendemain, admirer un grand âne du Poitou ou une vache de Salers, se jeter épuisé sur son lit avec la conscience du devoir accompli, terminer une grosse vaisselle, monter au Menez-Hom par temps de brouillard, au Puy-de-Dôme par beau temps, au Ventoux par vent froid, ouvrir le capot d'une voiture qui fume à la Casse Déserte de l'Izoard (à l'approche des années 1950), retrouver une vieille boîte à trésors avec un beau mica dedans, avoir conscience du caractère fugace des choses et de la nécessité d'en profiter, réciter en y mettant le ton une fable de La Fontaine, maîtriser sa paresse et sa peur du changement, prendre une petite bière à une terrasse par une belle fin d'après-midi et se trouver une petite faim, frissonner légèrement à la tombée du soir, être imperméable à la perfidie de certains propos, passer inaperçu quand les coqs font recette, ne pas trouver beau M. Muscles et ses tablettes de chocolat, conduire une chèvre par les cornes, se faire gronder par une siamoise jalouse, identifier des instruments dont on ignore l'usage, se taire et ne parler qu'à bon escient, ne pas se croire obligé de faire comme tout le monde, se demander si l'on apprécierait la vie monacale, être curieux de tout, avoir les yeux ouverts, humer avec bonheur l'odeur du foin fraîchement coupé ou celle du varech, hésiter sur l'odeur de vase à marée basse, traverser une rivière à gué ou en sautant de pierre en pierre, mettre des moustaches à la Joconde (et rire sous cape en se souvenant du surréaliste « LHOOQ »), se tenir si coi qu'un oiseau s'y trompe, attraper une mouche d'un seul coup de main comme Obama, écouter ruisseler l'eau d'un torrent, pousser des cris d'orfraie en s'asseyant dans une voiture chauffée au soleil...

... recevoir en cadeau une pintade ou tout autre volatile ou animal qui se débat, avoir plein de boîtes, des greniers et de profondes armoires, se tenir près du vide, imiter à la perfection la voix, la démarche, les intonations de personnes ou d'animaux, se coucher dans des draps fraîchement changés, contempler benoîtement les fresques bucoliques de la salle des fêtes de la mairie du XIe arrondissement de Paris, se faire les ongles, se lever et dire non, mettre du cœur à l'ouvrage, rire avec Coluche ou Desproges, avec Chaplin et Keaton, s'abîmer en perplexité devant certaines « œuvres d'art », refuser absolument d'avoir chez soi certains livres (négationnistes ou xénophobes, par exemple), se sentir bien même fugitivement dans son corps et dans sa tête…, trouver le moyen de remplacer un outil qui fait défaut, réciter encore la liste des départements avec leurs chefs-lieux (hum ! pas si sûr !), s'esclaffer devant la mode féminine des années

1930 mais aimer celle de la Crète antique, voir sortir ses premiers iris, couper amoureusement ses cosmos, ratisser les feuilles mortes, faire de beaux andains bien réguliers, apprécier la qualité du silence après une orgie de bruit, s'étonner et s'émouvoir en retrouvant des témoignages du passé, commencer la lecture du journal par la dernière page, rire des conséquences loufoques de ses difficultés de latéralité, prendre la route en voiture avant ou après tous les autres ou à contre-courant et avoir l'illusion de la toute-puissance, faire cuire un œuf dans un immense faitout (comme Keaton), pour une fois n'avoir pas l'esprit d'escalier...

Est-ce la fin ?

... faire siffler un brin d'herbe entre ses doigts et ses lèvres, écouter dans la nuit du fond du lit le carillon Westminster qui augmente à chaque quart d'heure la durée de sa ritournelle dans la cuisine de Bodélio, entendre la « vache » de Moelan, voir un grand *stampede* dans un western, caresser la peau douce et flétrie des mains d'une vieille dame, appeler sa mère « ma petite mère », sa fille « mon trésor », son mari « mon cœur » et ressentir pleinement la justesse de ces appellations, dîner aux Bons Enfants dans une cour enclavée, savourer une histoire drôle rabbinique, chanter avec Jean Gabin *Quand on s'promène au bord de l'eau*, savoir prononcer correctement le nom de la ville de Cunlhat, ouvrir une lettre le cœur battant, être dehors quand le diable marie ses filles (*what ?* oh pardon ! : sous une giboulée par beau temps), prédire qu'il pleuvra le lendemain à la position des rayons du soleil couchant, donner solennellement du « Monsieur » à un adolescent, écouter la voix sucrée de Rina Ketty attendant « le retour » et celle, piquante, de Mireille sur « le petit chemin », tomber en extase devant une couleur si juste, sautiller avec Charles Trenet et regarder avec Yves Montand les jambes de la demoiselle sur une balançoire, appeler avec un frémissement interne par son prénom pour la première fois quelqu'un que l'on vénère et qui vous en a prié, s'éveiller dans Paris avec Jacques Dutronc, lécher consciencieusement le fond des plats, s'asseoir au soleil à Rome piazza Navona en février et manger une salade de roquette avec un verre d'orvieto, faire se refléter sous le menton le jaune des boutons d'or, manger du raisin pris directement à la treille sur la façade d'une maison, voir de grosses gouttes d'eau s'écraser sur le sol ou un immense arc-en-ciel ou une lumière lointaine dans la nuit noire ou une étoile filante ou silencieusement passer très haut une capsule spatiale, avoir une tirelire, un objet fétiche, la taille fine, surprendre un animal qui vaque à ses affaires, sentir la densité d'un silence attentif, entrer dans la parole comme on entre dans l'arène, trouver enfin le mot juste, attendre un coup de fil, s'attrister parce que les galets perdent leurs belles couleurs en séchant, avoir le fantasme d'une grande maison à volets verts située à une croisée de chemins au cœur d'une forêt, admirer un grand perron doté de deux élégantes volées de marches ou des roses trémières opulentes ou un toit de tuiles vernissées, chanter *a cappella* et à l'unisson, vibrer au timbre d'une voix, recevoir en pleine figure des ressemblances troublantes et agir avec le nouveau venu comme avec l'ancienne connaissance, se parler à soi-même *in petto*, garder fidèlement une certaine idée de ceux que l'on a aimés, recevoir les épreuves d'un nouveau livre, manger des rayons de miel sauvage récolté par enfumage, croquer des radis, faire des compotes de pomme et des tartes à la pâte brisée, boire du cidre frais, coucher à la belle étoile, admirer le travail de nuit des termites sur des chaussures oubliées sur le sol dans une case, boire à la calebasse de la bière de mil chaude en passant à son voisin, faire un long voyage sur piste sans crever un pneu, entrevoir au bout du couloir la démarche de grand héron pressé et les pans de la blouse blanche du patron que l'on attend dans son service à l'hôpital et se sentir réconforté, empli de joie et de bien-être, aimer tout de la vie sur le terrain, même l'inconfort, nouer conversation facilement, assumer ses détestations, garder les vaches, tirer du vin à un tonneau, regarder les mains expertes de son médecin qui sait identifier le mal du bout des doigts, faire un bon mot ingénument et ne s'en rendre compte qu'à l'hilarité des autres, descendre en voiture un jour la rue de Belleville d'un trait, aller chez le coiffeur, se faire faire une manucure...

C'est comme une drogue, je continue.

... se tenir immobile devant un mamba noir mal réveillé, adorer le Dr House ou la jeune fille gothique aux couettes brunes de *NCIS* ou le personnage d'Ally McBeal, sauter à la corde entre deux copines qui la font tourner de plus en plus vite (c'est la préhis-toire...), se délecter de gin-fizz avec le bord du verre givré ou de Campari-soda, manger à la file des pis-taches ou des noix de cajou, faire un canard dans la tasse à café du voisin, racler à la cuillère la mousse sucrée au fond de la tasse, survivre à l'attaque d'un essaim d'abeilles sauvages en brousse, humer l'odeur puissante du goudron chaud ou vaguement nauséa-bonde de la fabrication du beurre de karité, éviter sportivement des ornières trop profondes pour les pneus, imaginer le dessous des robes à crinoline, faire un inventaire de toutes les sortes de cache-sexe masculin, réussir à se rehausser toute seule dans un lit d'hôpital, savoir que celui qu'on attend viendra, au sommet d'une côte voir le paysage qui s'ouvre comme une corolle, sentir la terre tourner sous son corps en regardant les nuages…, calculer le temps entre l'éclair et le tonnerre, scruter l'obscurité et y voir des formes étranges comme des lamies, faire croire qu'on sait lire dans le marc de café, s'essayer en vain à battre correctement un jeu de cartes, revenir un jour triomphalement du cours de cuisine en ayant appris à faire le céleri rémoulade et en gaver sa famille des jours durant, se souvenir toute honte bue de ses gaffes passées, être allée à la messe de minuit à minuit à Saint-Augustin en glissant sur les pavés alors en bois de la rue du Général-Foy, avoir été très forte au lancer de poids et nulle ailleurs en sport, avoir cherché à identifier qui méritait les félicitations du doyen Aymard avant de comprendre qu'il s'agissait de soi, porter une jolie robe rouge lors du mariage d'un camarade, fils d'un ambassadeur en URSS, avec une romancière déjà célèbre (cela date), monter les côtes en vélo comme Bartali mais freiner à mort en descente, rire dans une auto-tamponneuse tout en détestant cela, aller au bal sur plancher avec seulement un accordéoniste et un batteur, valser à merveille mais aimer aussi la java, la rumba, le paso doble, le tango, et même le rock (si si !), passer une nuit blanche pour finir un roman, passer une nuit blanche pour veiller le premier mort dans sa famille (la mère de la mère de sa mère), passer une nuit blanche auprès de son enfant, entendre un tout petit air de Mozart qui vous vrille le cœur à chaque fois, tomber d'une estrade devant cent personnes, se relever, et continuer comme si de rien n'était, jouer au portrait chinois : « Si c'était... ? », marcher dans la mer, effleurer les sensitives, cueillir avec précaution des fruits de cactus, caresser un hérisson apprivoisé, avoir un mouton de case qui s'appelle Pedro, assister au combat (qu'elle remporte) de la chatte Petite Demoiselle avec un rat dans un grenier de blé, manger en Livradois le même jour du pain de seigle chaud coupé dans une tourte, des pommes de terre « pour les cochons » cuites au grand chaudron, du beurre fraîchement baratté, et du « millia » aux cerises noires (c'était pendant la guerre et il semble que c'était hier), se souvenir d'*Ici Londres*, d'avoir vu des maquisards en Auvergne, d'avoir, réfugiée dans des caves, supporté les bombardements sur Saint-Étienne, Firminy, La Ricamarie, Rive-de-Gier, d'avoir aimé le sucre roux filasse qui s'éboulait dans les compotiers et les gâteaux de pommes de terre

(l'« étouffe-chrétien »), d'avoir assisté au grand mee-
ting de la gauche à la porte de Versailles avec François
Mitterrand, Georges Marchais et Robert Fabre,
d'avoir appris Mai 68 en brousse sur un transistor
crachotant rapporté par un migrant du Ghana, d'avoir
réagi violemment devant l'opulence de nos rues mar-
chandes au retour de séjours ascétiques en Afrique,
d'avoir assisté à quelques réunions du MLF débutant
près du parc Montsouris, conserver tout ce qui vous
a été offert, renseigner gentiment touristes et gens
perdus quitte à se mettre en retard, écrire à la main,
s'obnubiler un temps sur une rencontre à venir ou
sur un point précis d'un argument qu'il faut encore
débrouiller ou sur la meilleure façon d'exposer une
idée, préparer le thé, organiser un dîner impromptu,
reprendre ses esprits après un coma dans une salle de
réanimation et penser brièvement la fin venue, être
heureux quand son enfant l'est, être une éponge à
sentiments, tout éprouver très fort mais éviter de le
laisser paraître…, ne plus avoir mal aux dents (ou
nulle part ailleurs), faire grincer une porte ou une
marche ou une craie sur une ardoise, se représenter
tout très clairement en imagination, chérir la vilaine
photo de sa mère en maillot cycliste posant pour le
journal local à côté de son vélo à plus de 60 ans

après une course d'amateurs, se sentir incapable d'un tel exploit, être toujours dans le doute sur ses capacités et s'inquiéter de la véracité des mots élogieux reçus (comme nous fûmes bien dressées pour la modestie !), savoir qu'on est Scorpion ascendant Cancer et lire avec amusement les horoscopes, s'irriter sur les inter-titres racoleurs infligés par les journaux aux interviews ou aux textes qu'on leur donne, mettre avec satis-faction des pièces de deux euros dans une boîte pour ne pas être pris au dépourvu, avoir gardé des « res-trictions » la peur de manquer, avoir l'anxiété de la panne d'essence et de l'hôtel à trouver avant la nuit surtout avec des enfants dans la voiture, attendre sa fille à l'école ou préparer son goûter, échanger avec elle des lettres comportant des dessins aussi maladroits de part et d'autre, jouer les belles endormies, rire devant la publicité « je ne le ferai pas tous les jours », ne pas parvenir à se souvenir d'histoires drôles, avoir confiance en son frère et ne jamais s'ennuyer avec lui, éviter d'être « lourd » sans renoncer à ses opinions, haïr le ton cassant, les manières raides, grossières, offensantes, le regard dédaigneux, l'absence de consi-dération pour les autres qu'on trouve chez ceux qui se croient supérieurs pour une raison ou une autre, parler et se comporter de la même manière, sur le même ton, et avec le même langage, avec tous, considérer que le mot « gentillesse » renvoie à une grande vertu, ne pas se détourner du malheur, tenir l'amitié pour un engagement, s'absorber dans la contemplation d'une fourmilière au travail, marcher dans une prairie pour faire jaillir les sauterelles, savoir où nichent les écureuils roux, avoir de grosses clés de grilles de jardin, laisser pousser des herbes folles entre les pierres d'une terrasse, ne pas pouvoir se passer de capucines dans son jardin, faire marcher sur son doigt une coccinelle, surveiller le lait sur le feu et le retirer juste au bon moment, faire une mousse au chocolat avec la vieille recette (au beurre) de sa mère, garder la nostalgie des œufs en meurette, s'ébaubir naïvement devant des tours de passe-passe, être ébloui par un beau spectacle ou subjugué par un beau discours…

4 septembre

... être invité à la campagne par des amis qu'on aime et découvrir ici l'océan en contrebas, là le jardin de curé avec son verger et ses fleurs d'autrefois, trouver admirables les moustaches à la Vercingétorix de son grand-oncle Joseph et la voix rocailleuse (car gazée en 14) de son vieux cousin Pierre comme celle (trachéotomisée) de Henri-Irénée Marrou, goûter d'un café (au lait pour ceux qui aiment) et de biscuits partagés équitablement avec les chiens et les chats de la cousine Nini assis sagement sur les bancs autour de la grande table à L'Imberdis, commune de Grandval, lire Henri Pourrat qui situe à L'Imberdis des antres de sorciers, aimer Alexandre Vialatte et ses spirituelles chroniques, s'étirer longuement, mettre ses mains derrière sa tête et ses pieds sur la table basse (hélas ! pas possible de les mettre sur le bureau comme dans les bons vieux films américains), espérer réussir un jour à craquer une allumette sous la semelle de sa chaussure ou tenir métaphysiquement un revolver comme Humphrey Bogart, revoir *Butch Cassidy et le Kid*, *Kiss Me Deadly*, *L'Homme qui rétrécit*, *Cyclone à la Jamaïque*, *Gens de Dublin*, avoir écouté religieusement la lecture quotidienne à 17 heures du monologue de Molly sur Europe 1 (mais oui, à ses tout débuts, c'était une radio quasi culturelle), s'épouvanter des *deadlines*, feuilleter des catalogues comme celui de Manufrance dont on vous a raconté qu'à 3 ans on en tournait les pages en étudiant méticuleusement chaque image, humer un livre par petits bouts avant de le reprendre de la première à la dernière ligne si la première impression a été bonne, découvrir de nouveaux mots (ah ! la merveille que ce « procrastination » un peu suspect et tardivement connu !), pleurer devant sa télévision lorsque le guépard retrouve son frère blessé à mort et tourne autour de lui en le houspillant tandis que le blessé le suit des yeux et gémit comme un enfant…, attendre le moment où l'ours se dresse de toute sa hauteur devant un Tchéky Karyo tétanisé d'effroi et d'humilité, découvrir stupéfait Leonardo DiCaprio jouant un adolescent débile au rire nerveux qui ne rêve que de grimper au sommet du château d'eau, ou Robert De Niro parlant tout seul dans sa petite chambre (« *you talkin' to me ?* »), déboucher sur

un quai de métro désert, courir sous un orage toni-
truant et se réfugier hilare sous un auvent, goûter le
caramel salé, traverser une forêt ou un vaste parc à
balanzans ou un désert ou les marais salants ou la
mangrove ou les Dombes, s'interroger sur la forme
ou les couleurs d'une fleur d'artichaut ou d'une graine
d'eucalyptus, essayer de se représenter le trajet de la
voix qui vous arrive de Sydney, piaffer d'impatience
quand les retards s'accumulent (lever tardif, pas de
taxi, encombrements...), regarder le travail d'un
maréchal-ferrant itinérant, voir passer les ânes et les
chèvres avec leurs sonnailles revenant du jardin du
Luxembourg ou la Garde républicaine à cheval ou
une suite de voitures anciennes en grande sortie sur
une route de campagne, cueillir des mûres, échapper
à un taureau furieux ou à une oie mécontente ou à
un chien bon gardien, voir avec dépit des vaches
curieuses avaler d'un tour de langue les beaux cèpes
qu'on convoitait, rougir et s'en vouloir, aimer tendrement quelqu'un qui ne s'en doute pas..., partager
son assiette au restaurant, commander à l'étranger un
plat à l'aveuglette, lustrer une armoire ancienne, ne
pas se lasser de Miles Davis ni de Thelonious Monk,
remettre à sa place un misogyne en usant de son
registre d'expression, avoir versé, par pure bonté

d'âme, de l'eau de fleur d'oranger dans le verre de sa grand-mère maternelle, qui s'est étonnée ensuite du goût bizarre du vin : « Je vous assure, Étienne (son gendre), ce vin est vraiment imbuvable ! », se trouver branché avec surprise sur une conversation télépho-nique avec des inconnus, écouter ses grands-mères parler longuement famille, s'émerveiller devant des Hokusai ou des calligraphies ou des *azulejos* ou des pagnes, avoir une pleine corbeille de bracelets africains…

6 septembre

... redouter sur son pantalon blanc une tache
intempestive écarlate, l'éviter, et rentrer à temps chez
soi, boire à la bouteille ou à la régalade, poser à
l'envers une miche de pain et se souvenir des
reproches ancestraux : « Ce n'est pas ainsi (i.e. sur le
dos) qu'on le gagne », disposer des fruits dans une
corbeille, être dans une voiture aux vitres teintées et
ne pouvoir être vu de l'extérieur, déboucher une
bouteille avec un cep de vigne et faire vibrer forte-
ment le « clop » que fait le bouchon, ramasser des
vers luisants, sentir à la sauvette dans la rue l'odeur
d'eau de Cologne de sa grand-mère, admirer les robes
de *Peau d'Âne*, rêver d'avoir des jambes longues et
fines ou l'air mélancolique des madones italiennes leur
bébé sur les genoux ou la blondeur artistique et pâle
de Tilda Swinton, avoir voulu mourir sur place le
jour (ancien) où Claude Lévi-Strauss vous a demandé
ex abrupto si vous aviez quelque chose à dire après

un exposé auquel vous n'aviez rien compris, se jurer de ne jamais faire le même coup à quiconque, choisir avec soin un bracelet pour une amie, réconforter une âme en peine, recevoir des marrons glacés, avoir vu Edwige Feuillère et Jean Marais qui aurait pu être ridicule et ne l'était pas en culotte de peau à bretelles dans *L'Aigle à deux têtes* au Théâtre Hébertot, avoir ramassé des jonquilles à Saint-Nom-la-Bretèche, approché un jour la forte odeur d'un vrai bouc, contemplé des heures durant les deux chromos classiques des « Âges de la vie », avoir été subjuguée par la beauté de son père et de ses grandes mains déliées, respirer longuement à son aise les yeux fermés l'odeur secrète de goudron et de mer dans les cheveux sur la tempe de quelqu'un qu'on aime et qui s'y prête, se faire un joli trait bleu au bord des yeux, s'étonner des larmes de la jeune fille qui se dit tellement émue de vous rencontrer, s'essayer à toucher par surprise les cornes d'un escargot, se faire par mégarde une décharge électrique dans le coude, admirer la belle engeance d'un groupe d'adolescentes, s'extasier devant la couleur et la forme évanescente d'une fleur d'hibiscus, à cause des certitudes carrées que véhicule le chiffre 40 considérer qu'avoir 40 ans c'est être plus vieux qu'en avoir 50 ou 60, se mettre martel en tête, se faire peur à peu de frais à cause d'un impair ou d'une inadvertance ou d'un retard ou du qu'en-dira-t-on, être remarqué par quelqu'un dont l'approbation vous tient à cœur, être bêtement content de ce qu'on vient de faire…

10 septembre

... n'avoir jamais lu certains grands écrivains mais se souvenir avec délices du mystérieux « morne » antillais de son premier vrai livre d'enfant, avoir été amoureuse du capitaine Charles-André Julien-Brun qui dirigeait l'orchestre des chorales des lycées de Paris lors de la distribution des prix du Concours général à la Sorbonne entre 1946 et 1950, avoir vécu deux mois, le temps de la scarlatine de son frère, avant les antibiotiques, dans un pensionnat pour sourds-muets, et passé quelques années chez les sœurs Saint-Charles au cours Sévigné à Saint-Étienne, jouir de la solitude et se planquer quand il y a trop d'effervescence, saisir des ressemblances mais n'avoir jamais su dessiner, redonner vie aux morts en parlant d'eux, s'injurier mentalement pour sa pusillanimité, sa paresse, ses hésitations et incertitudes, son manque d'esprit de suite, sa susceptibilité, sa lenteur, sa gourmandise, sa tendance à reporter au lendemain, sa peur de « déranger » et bien d'autres défauts encore, avoir percuté sur l'adjectif « suspicieux » employé par un ami pour expliquer la fin douloureuse de ses expériences affectives et s'être demandé comment vivre sans confiance, avoir éprouvé quelquefois quand la douleur s'arrêtait un sentiment de bonheur absolu qui porte au cœur et fait presque mal, connaître quelqu'un de si indifférent au quotidien qu'il doit regarder par la fenêtre si on lui demande au téléphone s'il fait beau ou s'il pleut, utiliser en son for intérieur les jugements féroces et les raccourcis savoureux de sa grand-mère : une fière sale, un grand bredin, un ahuri, une cancanière, un ramenard, un bouffe-tout-cru, une vat-en-guerre, un gros plein de soupe, une virago, un drôle d'outil, un qui pète plus haut qu'il n'a le derrière, un imbécile heureux, une drôlesse, un mauvais bougre, un petit botte-à-cul, une qui se croit, un vieux dragon, un grand dépendeur d'andouilles, une pie-grièche, une tête à claques, un cou d'agryon, une marie couche-toi-là, un faux-jeton, une mijaurée, un sans-le-sou, un bayeur aux corneilles, un qui traîne ses guêtres, qui témoignent de ses idées morales et de sa conception du genre !..., s'insurger là aussi mentalement lorsqu'un adulte vous range dans la catégorie de ses grands-parents – et puis quoi encore !, être ravie d'avoir peu de rides et affligée de ses vilaines cicatrices, admirer les nouveau-nés, leurs mains minuscules, leurs yeux ronds et leurs bouches bien formées, tous ces lieux par lesquels vont passer le savoir et l'amour, aller parfois à la foire aux agneaux et aux chèvretons à Marcigny, aimer le marché, l'œil frais du poisson, les monceaux de fruits, les blocs de cantal, le coin aux herbes, inventorier avec délectation les richesses des quincailleries et des merceries et des passementeries, frémir de joie à l'idée de faire une gentille surprise, raconter des histoires, lire à voix haute, avoir aimé quatre chats : une Auvergnate timide au poil gris, Roulette, une siamoise bleue intransigeante et volubile, Julie, une Bretonne tigrée délurée, Petite Mère, et son fils Mitchum, un tigré rose et doux au poitrail avantageux, n'avoir pas réussi à rassasier au bout de quarante-huit chaussons aux pommes, pains au chocolat et aux raisins, palmiers et brioches une chèvre gourmande, Aglaé, et avoir enfant (avec sœur et cousine) saoulé une vieille chèvre vraiment rustique avec une crème au rhum...

15 septembre

... avoir eu la collection des *Cahiers du cinéma*, regretter de ne pas avoir une tête à chapeaux, avoir aimé porter du rouge puis du noir et désormais du bleu, avoir sangloté en silence pendant des heures devant les « virgules » qui tombaient des tours du 11 Septembre, raffoler des jouets anciens qui se remontent, rechercher toujours bien qu'en vain le goût des reinettes du Mans ou des abricots fendus à la goutte de miel ou des pêches de vigne ou des groseilles à maquereaux, utiliser sans complexe des mots et expressions qui sont soit des inventions familiales soit des usages locaux : ne « patigone » pas dans ma cuisine car je viens d'y passer la « loque », cette maison est toute en « bisencoin » (rien n'y est d'équerre), qu'est-ce qu'il peut bien « fourgonner » depuis des heures ?, une voix de « rogomme », une « fricassée de museau », je vais finir par me « gendarmer », ce pantalon est tout « rapetassé »..., caler devant les rébus et les devinettes, rester plein de naïveté parfois et n'en être pas mécontent, être sortie de ses gonds devant un butor imbécile qui disait du *Deuxième Sexe* « c'est pas mal pour une femme » et l'avoir remis en peu de mots à son insignifiante place, prendre la grande allée de Bodélio au temps de sa splendeur avant la Grande Tempête, avoir connu un chat qui demandait véhémentement à sortir dès qu'une fillette sortait son violon de sa boîte…, avoir hurlé de rire devant son père imitant le gorille puis de peur devant la scène d'ouverture du *Masque du démon* de Mario Bava et eu longtemps des cauchemars à cause du *Loup des Malveneur*, rire « comme une bossue » ou « pleurer comme une Madeleine » toute seule à certaines évocations, s'éprouver sereinement chez soi au service de médecine interne à La Pitié, avoir eu la varicelle et les poignets attachés pour ne pas se gratter, avoir gardé les vaches en fabriquant des chapelets, s'être promenée sur le dos du gros chien de berger Bijou accompagné de Mirette, avoir tapé à coups de bâton sur les coqs qui à des yeux d'enfant s'en prenaient à d'innocentes poules en leur sautant dessus, regretter de n'avoir jamais assisté à un accouchement ni à d'autres mises bas que celles de sa chatte Julie, avoir déjeuné chez François et Marie Friteyre à L'Espinasse en Livradois d'excellente charcuterie maison puis d'une potée auvergnate au lard avec tous ses légumes puis de pigeons aux petits pois puis d'un civet de lièvre (« *una lebre* que je connais », disait le cousin qui l'avait piégé), puis d'un rôti de veau « du boucher » accompagné de petites pommes de terre rondes sautées à l'huile de noix et de gros haricots blancs de Soissons puis de salade puis de fromages de chèvre maison puis de poires au vin avec des biscuits puis d'une tarte aux pommes (ouf !) avec café et gnôle du coin, exténue-ment et ravissement garantis, émerger d'un long malaise semblable à une tornade et se dire qu'il doit faire bon dehors, avoir tenté d'apaiser une personne égarée appelant sans cesse l'infirmière la nuit, se sentir emporté par une houle puissante et rythmée et oublier la finitude, aller en tâtonnant à la recherche d'une lampe électrique (qui refuse de marcher), se souvenir des décennies après d'une simple robe en organdi qui grattait, hésiter à mettre sa main sous une pierre après avoir vu *Le Trésor de la Sierra Madre* et à jeter avec désinvolture une enveloppe portant ses nom et adresse dans une corbeille de rue après avoir lu Patricia Highsmith, penser au hasard qui fait que nous ne sommes pas contemporains de gens que nous aurions aimé connaître, se dire qu'un lion avec une épine dans la patte ou des piquants de porc-épic dans le mufle doit se sentir bien handicapé, entendre sa voix dans un haut-parleur, se plaire dans l'atmosphère des cimetières de petites villes à la Toussaint, voir Frankenstein en personne, alias le fossoyeur, sortir au crépuscule du cimetière haut perché de Bertignat, avoir pris soin de portées de chatons et de petits porcelets surnuméraires qui tétaient une chèvre, se souvenir de flâneries le long de rues brillantes, se demander avec inquiétude ce qu'on aurait fait dans des circonstances qui nous ont été épargnées…, mener une lutte sans espoir contre les roulettes des chariots et des porte-perfusions, détester la résistance des objets et des choses inertes, mesurer la différence dans la perception du passé entre ses souvenirs et ceux de ses frère et sœur, de son mari, de sa fille, s'étonner des facultés d'adaptation de l'espèce humaine, bouillir intérieurement devant la bêtise heureuse ou la forfanterie ou la suffisance ou la couardise ou la méchanceté de certains, se refuser à parler bébé, rougir de sa prononciation de l'anglais, imaginer les gens à partir de leur voix, plaindre les stars du muet qui avaient comme John Gilbert une voix de fausset et qui ont disparu d'un seul coup, aimer les voix profondes ou hésitantes ou précises ou voilées ou chaleureuses ou

riantes ou douces et accorder un physique et un âge
éternel à chacune, savourer en bouche la fraîche
« esperluette » ou l'espiègle « charivari » ou la gro-
tesque « bleusaille » ou l'ombrageux « Trastevere » ou
l'emphase des « salutations distinguées » ou la simpli-
cité de « Nous, le peuple... » ou la componction de
« raisonnable » ou la fulgurance de « souvenir »..., revenir d'Italie dans une Fiat jaune décapotable, se rebiffer
au bon moment juste ce qu'il faut, ouvrir grands les
volets et les fenêtres et créer des courants d'air, frissonner en ayant l'impression d'avoir « pris froid », sursauter quand les portes claquent, voir les draps qui
sèchent retroussés par le vent, admirer les belles gly-
cines de maisons particulières à Redon, avoir le cœur
content en retrouvant partout ou presque la façade
tranquille de nos gares conçues sur le même modèle,
trouver belles les éoliennes, ces grands oiseaux qui
menacent pourtant parfois ceux de chair, être fonda-
mentalement radicalement tranquillement heureuse
d'être de son sexe mais aimer l'autre tout aussi bien,
trouver un jour après des mois d'absence un nid de
souris grises dans son lit, engueuler des loirs à travers
le plafond, assister impuissant à l'assaut de corbeaux
sur un nid de hulottes, installer dans les arbres de
grands plats de graisse et de graines pour les oiseaux

l'hiver et les retrouver vides au printemps, supporter l'harmattan qui assèche les lèvres et brûle les poumons, partager la joie enfantine de s'ébrouer sous les premières pluies chaudes de juin, voir dans une cour aux murs d'argile la Mercedes sans roues jouet des enfants chez le Yatenga Naba de Ouahigouya, avoir été palpée de très près par les mains sèches et indiscrètes de vieilles dames en brousse qui voulaient vérifier de quel sexe était cette personne bizarre, avoir souhaité être comme Simone Simon, être devenue trop petite pour son goût, être consterné devant l'opulence imbécile des grands, ne pas aimer les bains, craindre le résultat des coupes chez le coiffeur sauf avec Stéphanie, avoir un penchant pour la forme romanesque épistolaire comme dans *Le Cercle littéraire des amateurs d'épluchures de patates*, avoir une prédilection pour ce qui se murmure, se chuchote, parvient à l'oreille comme des gouttes de cristal coulant le long des stalactites, vivre dans la fidélité à ses idées, ses amis, ses amours, avoir des grandes bouffées d'enthousiasme mais aussi d'inquiétude, souper après le théâtre d'une oreille de cochon rue de Buci, détester l'atmosphère des soldes, essayer de se surprendre ronfler, ne pas se sentir de joie devant une petite victoire dans l'usage de son Macintosh, trouver que le permis de conduire est le diplôme le plus difficile qu'on ait obtenu et le plus gratifiant, se plaire dans l'amitié féminine, tenir à des photos ou à des objets comme à la prunelle de ses yeux, avaler en deux bouchées un rocher praliné pour se récompenser d'un effort ou d'une victoire, recueillir de l'eau de pluie pour se rincer les cheveux, avoir adoré courir après le bus pour l'attraper au vol par la plate-forme arrière dont le contrôleur levait la chaîne, plaquer un gros baiser sur le nez d'un chat offusqué, donner rendez-vous au bout du monde mais dans un lieu très précis (et dans six mois) à quelqu'un qu'on aime et ne pas retrouver l'endroit (qui n'existe plus) mais bien que sans portable à l'époque se retrouver quand même, tenir la liste de tous les lieux où l'on a dormi au hasard d'un voyage, partir au moins une fois par mois pour découvrir à deux de nouveaux espaces, s'essayer à suivre une conversation dans une langue étrangère d'où émergent çà et là des mots français, aimer les maisons troglodytes où qu'elles soient, ne pas vraiment goûter les voix subliminales d'aéroport, descendre triomphalement en pantalon rose la rue Saint-Jacques du côté ensoleillé par une belle matinée d'avril, avoir des bouffées de joie comme on a des bouffées de chaleur, éplucher des scorsonères et se retrouver les doigts noirs, parler pour quelqu'un dont on a choisi le visage parmi les auditeurs, s'inquiéter mortellement des retards prolongés de ceux qu'on aime, retrousser ses manches au sens propre comme au figuré, attraper un ballon au vol, mirer des œufs, éplucher des châtaignes, savourer des généalogies familiales compliquées et se souvenir de celles des autres presque aussi bien que de la sienne, aimer les grandes marionnettes, raffoler du jazz West Coast et de Bix Beiderbecke, « le jeune homme à la trompette », se perdre dans les hautes églises blanches aux profondes enfilades et dotées de lourdes portes de bois de Saenredam, être saisi devant la pâte épaisse des iris violets de Van Gogh, avoir dîné chez Troisgros à Roanne du temps où ils étaient trois, manger du réglisse, de la bouillie de petit mil à la sauce aux feuilles fraîches de baobab, trouver une coquille à la quatrième lecture, lire des récits de tourmente de neige, s'asseoir sans rien faire les mains pendantes et les yeux dans le vague, être sensible à la beauté de grues au repos ou de friches industrielles ou de voies désaffectées, s'en vouloir de parler trop vite ou d'avoir envie de finir les phrases de ceux qui s'expriment avec lenteur, se rappeler Harris Memel-Fotê, se souvenir d'avoir pleuré en lisant *Sans famille* et de Rémy et de Vitaly et des chiens, avoir acclamé les passes arrière réussies de la large ligne d'attaque des joueurs qui se ruent vers l'avant du temps où le rugby était vraiment un jeu offensif, avoir vécu pendant de longues périodes dans une case africaine en banco, avoir acheté des assiettes rustiques au marché de Cambridge, apprécier à leur juste valeur les sifflements fielleux d'Agnes Moorehead avant qu'elle ne passe par la fenêtre, voir du coin de l'œil une petite souris grise passer furtivement dans la cuisine à la campagne, avoir tiré des bords en felouque sur le Nil et vu les travaux de sauvetage de Philae, se souvenir de la hideur d'une énorme lotte sur le port de Marettimo et de ce séjour comme d'un moment de grâce, avoir perçu la Terre foncer dans l'espace sous son corps allongé dans un pré couvert de pâquerettes, avoir mangé des beignets de fleurs de courgette à Prunete et, dans l'enfance, à Saint-Étienne, des gaufres en forme de cœur fabriquées à la file dans un gaufrier de fonte noire ajustable sur le feu des cuisinières anciennes, s'être retenue de pleurer aux premiers mots de sa leçon inaugurale, avoir vu le sombre visage d'Alain Cuny lors de celle de Claude Lévi-Strauss, avoir fait inviter Umberto Eco à la chaire européenne lors de sa création au Collège de France et avoir ainsi, devant l'affluence, obligé le ministère à constater l'absence criante d'amphithéâtres et même de salles de cours dignes de ce nom dans cette institution (depuis nous avons eu Marguerite de Navarre), avoir vu *La Nouvelle Mandragore* au Théâtre de Chaillot depuis les estrades sur scène et approché le mythique Gérard Philipe, contempler la lune brillante si brillante dans un ciel aux lumineux nuages, se souvenir des beaux jours du Tournon, de Richard Wright, de Chester Himes (Ed Cercueil et Fossoyeur) et de Slim, se souvenir des robes à corolle virevoltante et à taille serrée de Christian Dior après la guerre, d'avoir aimé les films de François Truffaut et la voix si particulière de Delphine Seyrig, d'avoir voyagé en Caravelle et fait trois escales pour arriver à Ouagadougou, d'avoir attendu l'installation du téléphone pendant deux ans, des courriers envoyés par pneumatique à Paris, de la mort d'un pape deux mois après son élection, du plaisir à déambuler rue de la Huchette pour aller chez Maspero ou au Caveau pour entendre du jazz, d'avoir vu Miles Davis, de toutes ces choses anodines devenues le signe d'une époque, aimer les mots, leur consistance en bouche, leur sonorité, avoir des quantités d'écharpes qu'on ne met jamais, avoir hérité six verres en cristal de Denise Paulme, avoir été un cadeau d'anniversaire offert à leur fille par des parents aimants en la recevant chez soi, être conforté et réconforté par des lettres d'admirateurs inconnus, avoir partagé des heures de conversation avec Francis, subtil et attentif, jouer à la petite bête qui monte qui monte... avec son bébé qui rit aux éclats, avoir vu des processions de la Fête-Dieu avec draps aux fenêtres et pétales de rose dans les corbeilles, avoir eu une cousine qui trayait à la main ses vaches avec une pince à linge sur le nez, croquer des pastilles de Vichy ou des bonbons à l'anis ou des pastilles des Vosges prises dans de jolies boîtes, voir les bébés pousser et les vieux se ratatiner, s'amuser à parler en alexandrins, savourer la « douceur angevine », avoir vécu au-dessus de la gare Montparnasse comme en face du paquebot d'*Amarcord* tous hublots allumés, faire de gros câlins, être sidérée par l'érotisme de *Queen Kelly*, les renoncements flamboyants de Daniel Day-Lewis dans *Le Temps de l'innocence*, goûter autant la préciosité de David Suchet en Hercule Poirot que le côté brut de décoffrage de Lino Ventura ou la perversité d'un Richard Widmark ricanant ou l'étonnante douceur de Gene Tierney dans *The Ghost and Mrs Muir*, fondre devant l'air emprunté de Henry Fonda sommé de valser lui aussi au bal final de *My Darling Clementine*...

23 septembre

... se plaire dans le monde austère de *Dune* et ses cathédrales souterraines d'eau, avoir visité le réservoir de Montsouris, avoir essayé de ranimer une grive assommée contre une vitre et observé le désarroi de son partenaire revenu sur les lieux pendant plusieurs jours, bricoler de vieux meubles, repeindre une grande salle avec l'aide de parents et d'amis, s'être senti à son aise dans la grande et délicate mosquée de Cordoue, admirer les immenses taureaux noirs découpés sur le ciel aux abords de routes espagnoles, mettre des digitales en bouquet, avoir assisté frigorifié et trempé au bicentenaire de la Révolution sur les estrades de la place de la Concorde où le vent rabattait l'eau des fontaines sur les invités, avoir parlé églises du Brionnais avec François Mitterrand, être toujours touchée par la grâce de la toute petite église de Baugy posée sur son esplanade verte, refuser de goûter aux concombres à la crème et à la chantilly en général,

gens autour de soi et prendre un professeur d'informatique de 25 ans, s'émouvoir de ce que sa mère disait avoir toujours 20 ans dans sa tête et de ce que son père ne vous reconnaissait plus, retrouver l'odeur de macaron des ajoncs chaque été, aller aux airelles dans les bois de Fonlupt et en revenir les lèvres noircies, sentir la douleur disparaître doucement quand la morphine descend en vous, avoir raffolé des romans historiques grecs de Robert Graves, avoir toujours été à l'école d'une manière ou d'une autre, avoir vécu faméliquement au temps de la guerre de Suez d'une ficelle et d'un café par jour et, reconnaissante, avoir dîné un soir chez les parents diamantaires d'une amie, aller au Théâtre de l'Odéon et dîner ensuite au Petit Suisse, fondé en 1791 au carrefour Corneille-Vaugirard, avoir été demandée en mariage à Djerba par un homme du pays séduit par des robes haut fermées, trouver à l'Université d'Accra des taxis pour Germaine Dieterlen que les chauffeurs fuyaient à cause de ses exigences, avoir salué le *hogon* des Dogon devant la haute façade de sa case aux anfractuosités régulières emplies de crânes d'animaux, avoir admiré pendant des heures les détails minutieux des plans-reliefs de villes d'Afrique du Nord alors remisés au musée des Colonies à la Porte Dorée, avoir fait avec une amie un voyage en croisière, être monté une fois sur un dromadaire, aimer les loukoums et les pâtisseries au miel, écouter le cri des corbeaux dans le musée indien d'Ottawa, rire encore au souvenir du chaton au bord d'une route togolaise qui mangeait voracement et le poil hérissé des morceaux de viande un peu pimentés, se souvenir des hirondelles dans le ciel parisien et de la fête foraine qui allait de Clichy à Monceau, goûter de pain d'épice, succomber devant un spéculoos, entrer dans une maison qui sent les pommes à la cannelle...

10 octobre

... avoir demandé son chemin un soir pluvieux d'hiver à la sortie désertée du métro Censier-Daubenton à un groupe de trois punks, coiffure à l'iroquoise et Doc Martens, chahutant à l'abri d'une porte, et avoir été accompagnée par trois jeunes gens prévenants jusqu'à l'entrée du square Vermenouze : « Mais si, vous n'auriez pas trouvé toute seule, et puis, on ne sait jamais... », avoir roulé à tombeau ouvert dans une luxueuse Facel-Vega doublée d'un cuir blond sentant le miel sur l'autoroute de l'Ouest déserte qui venait juste d'être ouverte, avoir fait souvent chabrot avec de la soupe au lard à la campagne, avoir mangé pendant la guerre des tommes rustiques d'où jaillissaient des asticots faisant de jolis bonds en détendant leur corps en arc arrondi, avoir lors de l'Exode, stoppé à Sully-sur-Loire, distribué avec sa grande sœur de 9 ans des gobelets d'eau aux soldats faits prisonniers qui passaient sans s'arrêter (ce que les adultes n'avaient pas le droit de faire), se rappeler ses 16 ans et une robe virevoltante blanche à gros pois verts avec une grande collerette, une robe portée plus tard en faille rouge avec un corsage étroit, une jupe évasée, et deux petites ailes en organdi blanc aux épaules, aussi une robe courte en grosse dentelle noire très ajustée et au décolleté carré, et encore une robe en velours châ-taigne avec un gilet à chevrons mordorés fermé par un lien, une grosse ceinture en cuir noir formant cor-selet et une paire de chaussures d'un violet vif à hauts talons argent pour danser, éprouver toujours une inquiétude légère devant les profondeurs de grosses et lourdes armoires bourguignonnes doublées de tissu aux reflets moirés d'un vert profond où l'on sent que si l'on s'y glissait on pourrait être happé par les ténèbres ou émerger dans une vive lumière, s'étonner d'entendre dans sa tête la voix de quelques personnes disparues mais pas de toutes, non, et sans savoir pour-quoi celles-ci et pas les autres, jouer avec ses doigts, parvenir à se sentir comme une pierre close sur elle-même et dans sa vie dans des moments d'intense frayeur, inconfort ou émoi, frapper à une haute porte en bois avec un heurtoir de cuivre, fermer les yeux pour mieux entendre le bruit du vent dans les hauts peupliers de Bodélio et en sentir le souffle sur son visage, détester avoir les cheveux dans la figure ou du rouge à lèvres ou le cou enserré dans des écharpes nouées ou un sac à main porté au pli du coude ou des sous-vêtements couleur chair ou un vêtement trop ajusté et qui « blinde » sous les bras, se faire donner un sou pour ne pas couper l'amitié quand on a offert à quelqu'un un couteau ou un coupe-papier, goûter les saillies spirituelles, les traits d'humour, même les facéties ou l'ironie, mais détester le sarcasme, repérer d'instinct l'insolite, l'incongru, la discordance, la lueur du bizarre qui passe en un éclair, mais aussi le mouvement plein de grâce, le joli geste de la main, la façon souple de se relever d'un fauteuil, savoir que réfléchir fait passer le temps à toute allure et qu'on en sort tout décontenancé, aimer le menton pointu de Gloria Grahame, son œil qui pétille et son rire en cascade, craindre les sables mouvants ou le sol qui s'éboule ou le pied qui tourne ou partir à la renverse ou les marches hautes et étroites des pyramides de Mexico, avoir fait de somptueux bouquets d'hortensias, répondre par un sourire à la silencieuse interrogation des tout jeunes bébés : « Mais qui es-tu ? »

Comme vous pouvez le constater, très cher Jean-Charles, il ne s'agit pas là de hautes spéculations métaphysiques ni de réflexions très profondes sur la vanité de l'existence ni de l'intimité brûlante de tout un chacun. Il s'agit tout simplement de la manière de faire de chaque épisode de sa vie un trésor de beauté et de grâce qui s'accroît sans cesse, tout seul, et où l'on peut se ressourcer chaque jour. Rien de tout cela n'est vraiment sorcier n'est-ce pas ? Il y a sûrement dans ce fatras hétéroclite des sentiments, des sensations, des émotions, des bonheurs que vous avez éprouvés et que vous éprouvez toujours. Et vous avez votre provende de souvenirs propres qui ne demandent qu'à resurgir pour vous tenir compagnie et vous soutenir dans tous vos actes à venir. J'ai appris à les reconnaître pour ce qu'ils sont : les jalons goûteux de notre vie. Du coup, elle devient tellement plus riche et plus intéressante que ce que l'on croit. Et surtout, dites-vous bien que rien de tout cela ne pourra jamais vous être enlevé.

Tournons la page

Rien de bien sorcier, écrivais-je au destinataire de ce texte. Oui, mais de première nécessité pourtant. Qui suis-« je » au-delà des définitions extérieures que l'on peut donner de moi, de l'apparence physique, du caractère donné dans les grandes lignes, des rapports entretenus avec autrui, des occupations professionnelles et personnelles, des liens familiaux et amicaux, de la réputation, des engagements, des réseaux d'appartenance, au-delà de ces définitions sans doute justes mais aussi construites et trompeuses ? Profondément « je ». Et ce « je » qui est notre richesse est fait d'une ouverture au monde – d'une aptitude à observer, d'une empathie avec le vivant, d'une capacité à faire corps avec le réel. « Je » n'est pas seulement celui qui pense et qui fait mais celui qui ressent et éprouve selon les lois d'une énergie souterraine sans cesse renouvelée. S'il était totalement dénué de curiosité, d'empathie, de désir, de la capacité de ressentir affliction et plaisir, que serait ce « je » qui par ailleurs pense, parle et agit ?

J'ai voulu traquer l'imperceptible force qui nous meut et qui nous définit. Elle dépend naturellement de notre histoire de vie, mais elle n'est pas passéiste : elle est l'essence même et la justification, bien qu'ignorée, de toute action présente et à venir. « Je » ne serait pas ce qu'il est si certains événements ne s'étaient pas produits, qui ont canalisé sa vie, mais aussi si « je » n'avait pas eu la possibilité de ressentir telle émotion, de vibrer à telle occasion, de faire telle expérience avec son corps.

Ce livre plaide pour que nous sachions reconnaître non pas simplement une petite part ingénue d'enfance, mais ce grand terreau d'affects qui nous forge et continue sans cesse de nous forger, êtres sensibles que nous sommes. Pour que nous ne soyons pas simplement obnubilés par des buts à atteindre – des carrières à faire, des entreprises à commencer,

des rentabilités à assurer –, en perdant de vue le « je »
qui est en lice. Pour que nous sachions que, sous-
tendant l'exploit sans cesse renouvelé de vivre, se
trouve ce moteur profond qu'est la curiosité, le regard
bienveillant en empathie ou critique et constitutif que
« je » porte sur le monde autour de lui.

Il faut se garder du temps pour constituer ce flo-
rilège intime de sensualité qui peut pourtant se partager,   substrat   fondamental   de   la   « condition
humaine ». Quand on utilise cette expression et bien
d'autres (pensons à la « vallée de larmes » qu'est censée
être l'existence sur Terre !), on en vient toujours à
l'expérience brûlante de la douleur et cruciale de la
mort. Oui, mais c'est aussi cette capacité d'avoir du
« goût », comme on dit en Bretagne, de l'appétence,
du désir, cette capacité de sentir et de ressentir, d'être
mû, ému, touché, et de communiquer tout cela à
des autres qui comprennent ce langage commun.

Ce « je » est fait également de souvenirs, mais à
quoi obéit la sélection des souvenirs ? Elle se fait sans
intervention de la volonté et la psychanalyse en sait
long sur les raisons d'une nécessité oblivieuse, même
si tous les souvenirs disparus ne relèvent pas de

l'inconscient. L'événement s'envole, mais reste l'essentiel, inscrit dans le corps, qui resurgit au charme furtif d'une évocation, au frisson d'une sensation, à la force étonnamment vive et parfois incompréhensible d'une émotion. À quoi cela tient-il sinon à cette voix intérieure brûlante, cette dynamo vitale dont nous ne savons même pas que nous l'avons élaborée au fil du temps. Le souvenir n'est plus mais la mémoire sensuelle du corps parle toujours. Nous sommes un tissu muni de capteurs qui enregistrent des empreintes tenaces lesquelles nous servent de tuteurs pour nous diriger. Trop de souvenirs nous paralyseraient. Restent les prototypes de ce qui nous touche vraiment dans le grand registre des émotions possibles.

Proust n'est pas loin. Cependant, ce n'est pas le goût de la madeleine qui fait ressusciter le souvenir. C'est le trouble sensoriel ressenti qui rappelle ce même émoi sensuel de l'enfance, dû à un cérémonial où tout, l'atmosphère confinée, le caractère exceptionnel, l'heure, la personne de la tante, le thé, la madeleine, allait, comme condensé dans une flèche bien tirée, se planter pour toujours dans l'odeur douce et un peu fade d'une pâtisserie, c'est-à-dire sur celle des sensations ressenties alors qui était peut-être la

QUELQUES REPÈRES

Films et séries

Alien, le huitième passager, Ridley Scott, 1979.

Ally McBeal, série de David E. Kelley en 112 épisodes.

Amarcord, Federico Fellini, 1974.

Autant en emporte le vent, Victor Fleming, 1939.

Le Carrefour de la mort, Henry Hathaway, 1947 (Richard Widmark).

La Croisière du Navigator, Buster Keaton et Donald Crisp, 1924 (Buster Keaton).

Un cyclone à la Jamaïque, Alexander Mackendrick, 1965.

Un documentaire animalier de la série *Chroniques de l'Afrique sauvage* (guépard mourant).

Dr House, série américaine de David Shore.

Dune, David Lynch, 1984.

Frankenstein, James Whale, 1931.

Gens de Dublin, John Huston, 1987.

The Ghost and Mrs Muir, Joseph L. Mankiewicz, 1947 (Gene Tierney).

Gilbert Grape, Lasse Hallström, 1993 (Leonardo DiCaprio).

Hercule Poirot, série policière britannique de 65 épisodes (David Suchet).

L'Homme qui rétrécit, Jack Arnold, 1957.

Un homme est passé, John Sturges, 1955 (Spencer Tracy).

King Kong, Merian C. Cooper et Ernest B. Schoedsack, 1933.

Kiss Me Deadly, Robert Aldrich, 1955.

Le Loup des Malveneur, Guillaume Radot, 1943.

Morse, série britannique de Colin Dexter en 33 épisodes.

My Darling Clementine, John Ford, 1946 (Henry Fonda).

NCIS (Naval Criminal Investigative Service), série américaine de Donald P. Bellisario et Don McGill.

L'Ours, Jean-Jacques Annaud, 1988 (Tchéky Karyo).

Out of Africa, Sydney Pollack, 1985.

Les Passagers de la nuit, Delmer Daves, 1947 (Agnes Moorehead).

Peau d'Âne, Jacques Demy, 1970.

Queen Kelly, Erich von Stroheim, 1928.

Sans mobile apparent, Philippe Labro, 1971 (Jean-Louis Trintignant).

Taxi Driver, Martin Scorsese, 1976 (Robert De Niro).

Le Temps de l'innocence, Martin Scorsese, 1993.

Le Trésor de la Sierra Madre, John Huston, 1948.

Autres références

Simone de Beauvoir, *Le Deuxième Sexe*, 1949.

Dorothy Baker, *Le Jeune Homme à la trompette*, 1982 (Bix Beiderbecke, 1903-1931).

Cahiers du cinéma, revue créée en 1951 par André Bazin, Jacques Doniol-Valcroze et Joseph-Marie Lo Duca.

Jean Cocteau, *L'Aigle à deux têtes*, 1947.

Frank Herbert, *Dune*, 1965.

Patricia Highsmith, *La Rançon du chien*, 1972.

Hector Malot, *Sans famille*, 1878.

Mary Ann Shaffer, *Le Cercle littéraire des amateurs d'épluchures de patates*, 2009.

Pieter Jansz Saenredam, peintre flamand (1597-1665).

Franz Schubert, *Le Voyage d'hiver*, interprété par Laurent Naouri en concert en 2011 à Muzillac.

Jean Vauthier, *La Nouvelle Mandragore*, d'après *La Mandragore* de Nicolas Machiavel, mise en scène par Gérard Philipe en 1952 au Théâtre national populaire.

Le Goût des mots, 2013.
Une pensée en mouvement, 2009.
De la violence II, 2005.
De la violence I, 2005.
Corps et Affects (sous la dir. de, avec Margarita Xanthakou), 2004.
Masculin/Féminin II. Dissoudre la hiérarchie, 2002.
Contraception : contrainte ou liberté ? (sous la dir. de, avec Étienne-Émile Baulieu et Henri Leridon), 1999.
Masculin/Féminin I. La pensée de la différence, 1996.
De l'inceste, 1994.
Les Deux Sœurs et leur mère, 1994.

Cet ouvrage a été composé
en Adobe Garamond Pro
par Nord Compo
à Villeneuve-d'Ascq (Nord).

N° d'édition : 7381-3866-6 – N° d'impression : 1903.0268
Dépôt légal : mai 2017

Imprimé en France